TEORÍA DE LA FICCIÓN

TEORÍA DE LA FICCIÓN

HÉCTOR HERNÁNDEZ MONTECINOS

CAPITANES
COLECCIÓN DE POESÍA

5/10

Nautilus
EDICIONES

TEORÍA DE LA FICCIÓN

Primera edición: abril 2024

© De los poemas: Héctor Hernández Montecinos
© De la fotografía del autor: Sigi Pablo Pineda
© Del diseño de cubierta y maquetación: Nautilus Ediciones
© De la selección de poetas y coordinación editorial: Samuel Trigueros
  Nautilus Ediciones
  nautilusedicioneshn@gmail.com

ISBN: 978-84-10241-15-2
Depósito Legal: Z 717-2024

Impreso en España, Unión Europea

HÉCTOR HERNÁNDEZ MONTECINOS
(Santiago de Chile, 1979)

Doctor en Literatura, magíster y licenciado en Letras Hispánicas. A los 19 años recibió el Premio Mustakis a Jóvenes Talentos. A los 29, el Premio Pablo Neruda por su destacada trayectoria tanto en Chile como en el extranjero. Ha sido becario del Ministerio de las Culturas, las Artes y el Patrimonio, Fundación Andes, FONCA (México), AECID (España) y Conicyt (actual Agencia Nacional de Investigación y Desarrollo).

Es el compilador de los dos tomos de *4M3R1C4: Novísima poesía latinoamericana* (2010 y 2017) y *Halo: 19 poetas chilenos nacidos en los 90* (2014). Apareció en *Cuerpo plural. Antología de la poesía hispanoamericana contemporánea* (2010) de Pre-Textos y *El Canon Abierto. Última poesía en español* (2015) de Visor, entre otras.

Su proyecto en poesía, *Arquitectura de la Mentalidad*, está conformado por *La Divina Revelación* (1999-2011), *Debajo de la Lengua* (2007-2009) y *OIIII* (2012-2019).

Sus ensayos autobiográficos sobre el quehacer poético son *Buenas noches luciérnagas* (2017), *Los nombres propios* (2018) y *Contra el amanecer* (en preparación). Todos publicados por RIL editores en Chile y España.

Además es gestor de varios encuentros como "Poquita Fe: Poesía Ibe-roamericana en Chile" (2004-2014) y en España "Siglo de Oro de la poe-sía latinoamericana 1922-2022"; editor, entre otros, de *Un mar de piedras* (FCE, 2018) y *Mi Dios no ve* (Vaso Roto, 2022) de Raúl Zurita, y profesor de literatura en varias universidades chilenas.

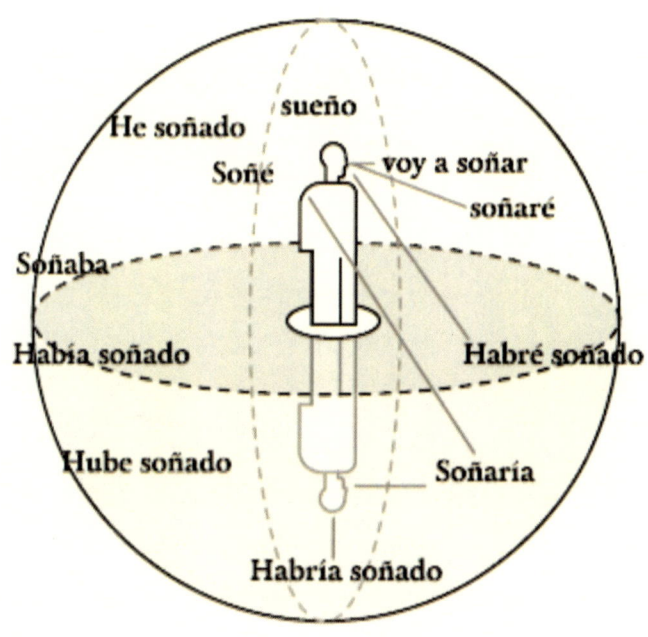

La nube es el archivo total. El idioma como la nube. El cielo como la historia de la humanidad. El castellano latinoamericano como una revolución de las nubes. El cuerpo como soma accede a la nube para tener espíritu. El alma es parte de la nube y a ella regresa. Eso es la muerte. La lengua y la vida son visiones, encarnaciones de la nube. Un hombre que morirá se le nublan los ojos. La nube es el saber/poder total. La nube es Dios.

≈

Toda obra debe inventar a su creador. Así comienza un mundo y su escritura. El nombre del primer autor es una fórmula genética. El Universo es una obra con principio y final. Es la hora de las referencias. Cruzar palabras. Los códigos. Hasta una estructura hueca está llena de su propio vacío. Somos un largometraje proyectado por el Sol y el testimonio habla de la voz de los colores. La clorofila no es verde bajo la luz ultravioleta. El primer instinto es no morir. La llave se agranda como se agrandan las dimensiones. El Universo es el poema más corto y más largo a la vez. Si no tiene medida es porque no tiene parangón.

≈

Cuando escribo me conecto a la nube. Así sucede y así lo siento. Dejo de hablar yo y lo único que queda de mí es la voluntad de que sucediera. No sé qué escribiré pero ocurre y llego a un punto que ya existía antes. Todo lo que escribo es la continuación de algo previo. Mío o de otros o de todos. La nube no es literaria. Es lenguaje. Bruto amorfo. Dinámico flexible claro como un río. Leer es una ilusión de que se entra a la nube pero no. No se entra. La escritura es el modo de entrar a la nube. La nube es Dios.

H

H

H

H

H

H

H

H

H

H

HISTORIA DE LA HACHE Es la primera de todas las letras que existen y existirán y al mismo tiempo es la última Esta letra singular contiene a todas las otras porque ha sido ella quien las inventó Hache no es muda ni tampoco representa al silencio Hache sobre hache es una escalera por la cual Homónimo podrá entrar y escribir aunque esas decenas de haches vienen de otras decenas de homónimos que también escribieron Por esta escalera asimismo descenderán palabras páginas y libros cada uno con un espejito en la mano asegurando que no habrá hacha que la derribe aunque haya palabras que corten y letras que se entierren en la piel

HISTORIA DE LA O Siempre es una rueda Las palabras que la llevan se mueven más rápido que el sonido Ferrocarriles Camiones Autos La línea férrea siempre está llena por lo que hay que explotarla con dinamita Así quedará un redondo agujero en la tierra La tierra blanca

La escritura es arte de

                    chimpancés
                    y de pericos
                    en estas jaulas
                    (en estas jaulas)
                    ((en estas jaulas))
                    (((en estas jaulas)))
                    ((((en estas jaulas))))
                    (((((en estas jaulas)))))
                    ((((((en estas jaulas))))))
                    (((((((en estas jaulas)))))))
                    ((((((((en estas jaulas))))))))

Las jaulas que llevan los chimpancés y los pericos en sus maletas
es decir el gesto la vocalización que se repite que se repite que se repite

HISTORIA DE LA KA Un cuerpo celeste de cuatro puntas viaja a través de la madrugada friccionando el cielo y rompiendo las nubes atiborradas de agua muda

Tu discurso es un desierto
en el que mis lágrimas serán el oasis
para que los camellos gráficos vengan a saciar su sed
y en todos los espejismos del mundo

podré ver mi rostro herido de muerte
pero herido también de permanencia
y después de cada sueño habrá otro mayor
uno mucho más verosímil en el que incluso
se podrá afirmar vigilias y realidad

HISTORIA DE LA ZETA Un hombre arrodillado
y con la cabeza baja Fuera de eso no es nada Quien
quiera hacerle expresar algo no encuentra nada Nadie
habla de su muerte Duermen

[T]
muerte tiene 6 letras y un silencio entre cada una
que es cuando las apariciones no se callan
sombra
doble
imagen
te doy mi olvido
el límite
apaciguado
espero
lo que todavía no

HISTORIA DE LA I GRIEGA Un hombre crucificado
con los brazos hacia arriba tiene un plato en cada
mano En uno está su corazón En el otro sus ojos Que
nadie diga nada de él Su cabeza rueda por en medio
del público de un circo invisible y turbado Espera que
alguien lo acompañe pero nadie

[F]
otro
la singularidad
de las heridas sobre un cuerpo
que produce
distancia anónima e intangible
fascinación nómada
peregrinación interminable
desolado
un mundo dentro detrás del mundo

HISTORIA DE LA EQUIS Un hombre está cayendo
desde un avión con los brazos y las piernas abiertas No
piensa en nada porque nadie lo conoce El paracaídas
está hecho de recuerdos que no se abren

Cuando el tiempo existía de forma natural en el universo
y nadie podía apuntarlo con ningún dedo
hubo una gran colisión entre un cometa y un satélite
de esta explosión* millones de palabras
se esparcieron por todo el espacio
rasgando el silencio de aquel tiempo primordial
esa catástrofe cósmica se repite a cada momento
dentro de otro espacio útero
que es donde las palabras revelan cosas secretas
porque esas palabras están escritas
con oscuridad sangre y otra pequeña luz

---

* Los torbellinos de letras desde acá se ven como líneas luminosas agrupadas y
plegadas en haces y quanta. Las letras que ya han llegado hacen una fiesta cada
vez que aparecen otras desde el silencio gutural de donde no hay aire.

que solo al cerrar los ojos se pueden leer[*]
por eso toda palabra
es un eco que recuerda ese momento ancestral y continuo[**]

Las palabras son lo que menos se parecen a lo que dicen
las palabras parecen árboles en llamas y malezas infestadas
de parásitos
las palabras parecen pequeños muebles para lindas y tontas
muñecas
las palabras parecen fósiles que venden a la salida de todos
los museos
las palabras parecen sierras y serruchos

Si tuviera una mano kilométrica la pasaría sobre estas
páginas y tal vez para quienes están en ellas podría significar
un eclipse o algo por el estilo
Las palabras vuelan se mueven chocan en el aire y no cesan
de reírse
las palabras pareciera que están siempre borrachas
porque se abrazan se caen se recogen
y siguen tan alegres como si nada
las palabras nunca se están quietecitas
y tú te preguntarás por qué estas páginas no se escapan de
tus manos
y yo te digo

        esto que tú ves no son palabras

---

* Lo sin nombre presenta otra forma de conocimiento y ese raro acontecer es una
presencia que antecede al conocimiento racional. Lo no nombrado entra en otros
espacios en el que las no-palabras están en una no-página en un no-libro.

Tal vez en este momento la única confesión
es la de decir que las cosas y nada tiene nombre
pero además vivir fuera de los nombres
produce una terrible soledad
(que es la del feto y la de quien escribe)
esto es un acto de sinceridad único
se escribe por esa desesperación
pero ten contigo que una obra será más revolucionaria
cuanto pueda expresar más fidedignamente su propia verdad

Siento que los huesos de mi mano derecha pertenecen a un
esqueleto que no me pertenece En realidad creo que ninguno
de mis huesos me pertenece porque los huesos vienen de un
mismo lugar que no tiene nombre El origen es silencioso En
el vientre materno nada de lo que había tenía nombre Solo
existían hemorragias y explosiones Entonces escribir es ese
abrazo imposible Ese falso coito en que vuelvo a ser niño y
en que vuelvo a no conocer ningún nombre Como cuando
mi historia personal era la historia de la historia de los olores
Un cuerpo prehistórico
                    siglos antes de la invención de la escritura

La geografía vive de la geometría
y las palabras son figuras geométricas de una realidad
de la cual no se puede volver después de su proyección

Las palabras tienen sombra y necesitan energía
porque las palabras son el cuerpo de lo que ha desaparecido
las palabras son objetos abiertos
la palabra escrita es una verdad
que no se puede sostener con la mirada

vagabundean en el vacío pues son un eco que se repite
antes de que alguien las haya pronunciado

escribir es hacer como que se escribe
del mismo modo que morirse es hacer como que se muere

Tú me miras escribir y no tengo idea de lo que pasa por tu cabeza
Me dices que lo que estoy haciendo es absolutamente inútil
*Para mí nada es nuevo**

Pervertir a la juventud
he allí
la misión de quien escribe

en el fondo de todo lo que busco es el silencio y tú eres el único
que en este momento puede hablarme de él

Los mejores libros están destinados
a ser olvido
y memoria
Mejor aun
cuerpos en blanco

---

*El libro llega a ser conocible sobre la base de lo que uno no conoce porque si así
fuera todos los libros estarían escritos desde siempre. La eternidad no conoce a
la escritura. Siempre será que el que escribe después de hacerlo ya no es más el
mismo. La escritura como la eternidad son una suma de pequeños actos de muerte
(realizativos y constatativos).

me llevas hacia un lado de esta blanca cama y mis manos
encuentran lágrimas de un pacto que jamás puede ser
nombrado

Por eso para quien escribe
toda palabra es anécdota
y la página revuelta sensual

esto que has hecho conmigo no tiene nombre
esto que yo he hecho contigo no tiene nombre

Amistad es acto de amor
también escribir es acto de posturas

y tú siempre estás yéndote
no porque no estés
sino porque la ausencia tuya
vive en mí como una cicatriz

La escritura es deseo
La palabra es sangre
Escribir es rasgar
El papel tiene cicatrices
La escritura es deseo
La palabra es sangre
Escribir es rasgar
El papel tiene cicatrices
La escritura es deseo
La palabra es sangre
Escribir es rasgar
El papel tiene cicatrices
La escritura es deseo
La palabra es sangre
Escribir es rasgar
El papel tiene cicatrices
La escritura es deseo
La palabra es sangre
Escribir es rasgar
El papel tiene cicatrices
La escritura es deseo
La palabra es sangre
Escribir es rasgar
La escritura es deseo
La palabra es sangre
Escribir es rasgar
El papel tiene cicatrices
La escritura es deseo

La palabra es sangre
Escribir es rasgar
El papel tiene cicatrices
La escritura es deseo
La palabra es sangre
Escribir es rasgar
El papel tiene cicatrices
La escritura es deseo
La palabra es sangre
Escribir es rasgar
El papel tiene cicatrices
La escritura es deseo
La palabra es sangre
Escribir es rasgar
El papel tiene cicatrices
La escritura es deseo
La palabra es sangre
Escribir es rasgar
El papel tiene cicatrices

Miro mi cuerpo y el tuyo   Miro tu cuerpo y el mío

Esta vez no hay límite porque el deslumbramiento hace que hablemos de lo que ahora estamos hablando Las lenguas se confunden en una sola que no tiene más sentido que sus propios gustos Estamos en una zona excluida e infranqueable donde los cuerpos que escriben se encuentran frente a frente con los cuerpos que leen Este espacio rectangular en el que tú y yo compartimos el deseo Este género en blanco lleno de orlas y pliegues del que somos uno y doble Estas letras blancas y húmedas que mojan mis labios Eres lo único que en este momento quisiera estar haciendo Y si es que he llegado hasta ti en estas condiciones no es porque yo esté libre pues junto a ti me hago más ausente que nunca No escribo lo que vivo sino todo lo contrario

Miras tu cuerpo y el mío
Miras mi cuerpo y el tuyo

La voz
la lengua viva que repasa mis oídos
es un cuerpo que escucha
sus fisuras más internas en la piel
que es la que resuena al tocar las palabras con el lápiz
las que producen un sonido
que es el que se imprime en el papel
por lo que habría que leer como ciegos[*]

Crearle un mundo a mi dolor
porque con eso lo convierto en escritura
rodear a la herida de ficciones
para que también se ficcionalice
que la herida de mi yo se contraponga al no-yo
y a todas las no-heridas
y llegue de rebote a alguna verdad
como la de poder encontrarme con mi doble

---

[*]La obra está en un constante presente por lo que cualquier palabra que se escriba
la convierte en una forma de pasado. El comienzo de la escritura representa el fin
de la escritura (la palabra escrita como imagen: onomatopeya gráfica). Todo fuera
de sí: las palabras, la página, el autor, el libro, la obra. Un paso de lo irreal a lo real
y siempre queriéndose imponer su dimensión primera pero eso es imposible y he
allí su fracaso. Se pasa de no poder hacer nada a poder hacerlo todo (y viceversa).

Imagino el miedo
cuando tengan que enfrentarse
el autor y su homónimo
insertos en la obra
mientras esta se rebela y rechaza a uno de los dos
convirtiéndolo en una ilusión que se deshace

Ni dios ni el hombre ni el autor han muerto
sino que se han escondido en su propia creación
para permanecer fuera de sí
y poder existir para siempre

Novela
te llamarás Novela
Te dirán Novela
En la calle te gritarán por Novela Y tú mirarás con un gesto
de Novela [del mismo modo que los Homónimos tienen
miradas de Homónimo] pensando que llamarse Novela es
ser Novela Pero también serás llamada Bastarda La gente
te dirá Bastarda porque ese también será tu nombre Novela
Bastarda ¿Novela Bastarda? Gritarán aquellos a los que tú ni
siquiera responderás con un sí o con un no

Mi nombre es Bastarda Mi nombre traducido significa
algo Pero no hay lengua que quiera pronunciar mi nombre
Porque mi nombre no significa nada Novela Bastarda Qué
bonito suena Hija de puta Amante Loca Bastarda

Tendré un nacimiento como todas Seré un por- decir Me estiraré sobre el tiempo eructando flatitos con sabor a lactosa y tendré ojos Unos grandes ojos con los que podré mirar tus manos y tu sombra sobre mí Mucha gente podrá verme Me acariciarán sin saber que me están matando Novela Novela Bastarda y te veré mirándome caliente y serás el único que me escuche crujir los huesos Me pondrás de pie A tu lado De cabeza Y siempre escribirás lo mismo porque siempre te lo llevas escribiendo Leo Te leo Leo lo que quieres decir de mí Novela Bastarda Para no olvidar mi nombre porque me deseas Seré original Seré única Seré la última geométrica Un mausoleo Un cuerpo lleno de cuerpos Bastarda Novela Bastarda hasta que todos se cansen de repetir mil veces mi nombre

Quisieras escribirme con sangre pero solo tienes esto Y quisieras que yo me quedara callada pero no puedo Estoy haciendo Estoy asombrada de escucharme a mí misma Rasgo Corto Repito mi piel No valgo nada Estoy vacía Si lloro se borra lo que has escrito No quiero dejar de ser Novela Bastarda No me he convertido en nada No me he dicho nada No he encontrado nada Bastarda y aún no empiezo No puedo mirarme en ningún espejo Pareciera que me amas Pareciera que me odias Tus palabras me cortan y grito de placer solo porque eres tú el que las hace Me estampas Me tajeas criminal Soy Novela Bastarda No tengo voz Esto es una tragedia Tengo escalofríos Nací un día 13 Estoy marcada Estoy manchada

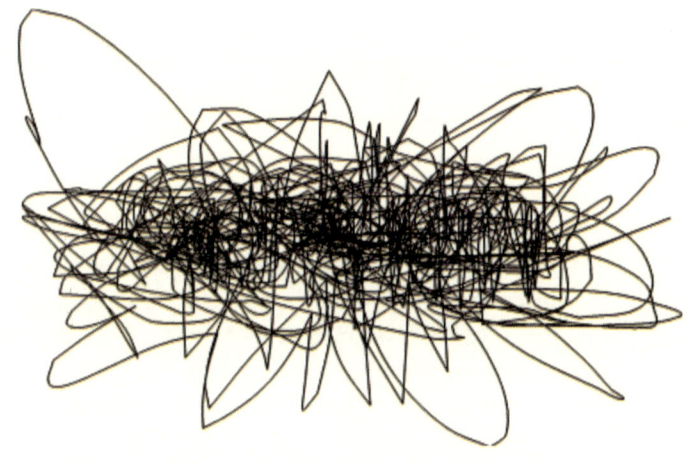

Novela Bastarda tiene un ombligo lleno de venas
que recorren todo su cuerpo
y termina en una corona que esconde una herida

Homónimo ha sido apartado y no lo sabe
no sabe qué le pasa a Novela Bastarda
ella es asesinada y es engendrada en tantos cuerpos
que esas venas y arterias pulsan como líneas que forman letras

Tú no puedes contar nada de mí Novela
porque no me conoces
caminas conmigo de la mano
y nuestra sombra es la sombra en que nos escondemos del sol

Tú eres esto
Mi angustia
Mi defensa
Mi placer eres

Entonces Novela Novela Bastarda dice buenas noches
cuando se despide y me recomienda para el día siguiente
tener cuidado de los objetos

De seguro te mueves de un lugar a otro como
yo también lo estoy haciendo Quizás esté junto
a ti y nunca te darás cuenta Mira hacia los lados y
pregúntate quién podría ser yo Lo que está por
decirse Las palabras que viajan de fracaso en fracaso
La no verdad No mirarse nunca a los ojos Escribir un
libro N libros N libros de NN No me conoces No te
conozco Me lees Yo te escucho Luego caminaremos
pensando en lo que nos ha sucedido a los dos en este
momento ¿Podremos seguir diciendo que no nos
conocemos? Tal vez vuelvas a leer Tal vez yo vuelva
a pensar en ti Nos toparemos por ahí Te preguntaré
dónde queda alguna calle Me preguntarás la hora
Sonreiremos Nos acordaremos de la ocasión en que
leíste esto por primera vez Un viaje de tres años
y medio desde ninguna parte a ninguna parte La
escritura y el momento en que el lenguaje se mira a sí
mismo Tú te habrás mirado al espejo y no te habrás
reconocido Yo tampoco En eso también coincidimos
La página en blanco es transparente como una
ventana Me miras Yo también te miro ¿Qué nos ha
sucedido? ¿Qué ha pasado con nuestras respectivas
vidas? Tú me has leído Yo te he escuchado Tú me has

escuchado Te acompaño en tu propio viaje Esa voz
que pasa a residir en ambos

Ese extraño que no se calla en ninguno de nosotros dos

Esto es otra cosa
ni más peor ni más mejor
otra cosa
Novela
tu único valor es que otros no te escribieron

Quien escribe su Novela Bastarda termina odiándola
porque quien más escribe sobre escribir
más le duele el crimen

Novela Bastarda amenaza con llorar y
borrar todo lo escrito

Entre tú y yo existe un abismo que a los dos nos aterra
entre tú y yo esa angustia

Tú no eres nada (del verbo ser)
yo tampoco soy nada (del verbo ser)

Entre tú y yo existe un puente
que está hecho con cartuchos de dinamita

TNT es el nombre de la ficción
¿Cómo te llamas?

Esta vez mi nombre es el mismo
porque tengo miedo de esta terrible distancia
que también se puede llamar muerte

Lo escrito en este papel es el reflejo de lo que ya no soy

                    Lo que tú escribes
                    también yo lo escribo
                    lo que tú lees
                    yo también lo leo

porque el abismo no es un lugar
porque el abismo es una emoción
porque el abismo es una intensidad

Cuidado con las sogas
cuidado con los cuchillos
cuidado con las flores
cuidado con el encantamiento
el crecimiento
la sabiduría
la ley
el amor
la paz
la iluminación
cuidado con los siete días de la semana

            LA FICCION ES ENVOLVENTE Y FULMINANTE

No soy yo quien escribe porque escribir es desaparecer

La profundidad de la fascinación
responde a la profundidad del deseo de escribir
aunque a veces ese deseo llega al límite
de que la obra no exista
al menos dentro de otra ficción

Homónimo no quiere seguir escuchando más y deja de escribir

Yo sabía que todo esto iba a ser escrito
pero no que por mí

El fantasma de la escritura es mentiroso y enmascarado
hasta que llega la negra luz
y la máscara cae
en ese momento se dejan ver
la angustia la muerte el aniquilamiento y el olvido

El escritor es un personaje de la obra
el libro como objeto material también es parte de la obra
pero hay un momento en que la obra
empieza a trabajar con el espanto
y dice basta e ignora al autor
con el orgullo de creerse terminada

El autor no sabe lo que hace ni lo que ha hecho

Si el autor se suicidara en la obra (en el libro)
no sabría qué o a quién podría matar

Para mí el único autor
es quien sabe lo que escribí
cuando no lo hice

Solo me queda huir de esta obra
extraviarme en el libro
ocultarme entre las páginas
meterme dentro de las palabras
tal como la haría quien sabe que su pequeña ficción se acaba
mi voluntad me es ajena como la mano
que nunca dejó de intrigar contra mí

      La escritura no es
      cómo decir
      sino
      cuando callar

      secreto [ni forma ni sustancia]

Incertidumbre es la palabra clave
me estoy quedando ciego o ya no veo más allá de mi propia
nariz

La pureza de sentirlo todo
La inquietud del vacío en el papel

      SI NO ESCRIBÍ ES PORQUE ESTABA VIVIENDO

En todo momento siento el miedo de haber fracasado con mi obra
Homónimo me dice que eso ha ocurrido ya

La has perdido para siempre porque nunca fue tuya
la obra a la que te has consagrado no tiene sentido
la obra a la que te has consagrado es ausencia y silencio
una loca aparición que habla consiga misma
creyendo hablarle al resto de la humanidad
Arrancada de cuajo y de mí

la obra
conoce las distintas intensidades que tiene el silencio
y es sobre esa ignorancia desde donde desaparece
y yo entiendo que esa es su realización
pero no tengo tiempo
ni para recordar cómo se llamaba
el libro que yo una vez escribí

Cuídate de las órbitas celestes me dijeron que por allí la ficción y la escritura se disfrazan de cosmonautas que caminan y reparten hilachas luminosas para engatusar a las personas como tú No mires tanto para arriba que ya uno de esos se te encarama y tu madre te cae a palos gritando qué dirá la gente y qué dirán de mí No le hagas caso a esos cosmonautas me aconsejaban que luego te preparan un armazón con estrellas-letras para que tú puedas ponerle nombre a cada una y la escritura y la ficción empiezan a entrarte por la mano y te arrebatan Pero eso es una treta que hacen con todos los que se encuentran bajo su fascinación Yo sé que ellos deben hablar entre sí a través de esa canasta que tienen en la cabeza Amarrados del ombligo con no sé qué Tantean el lento aire que pareciera mojarlos como un río Y de seguro también deben reírse de lo ridículo que se ven Pero es mucho mayor su belleza Resplandeciendo en lo alto Burlándose de lo minúsculos que se ven los cráneos Oigo sus carcajadas Allá arriba que rápido vuelan los ataúdes Y mi hermana se pregunta todavía dónde van a dar los muertos Algo me dice que esta noche es única Y no es porque me duelan las uñas o porque mi mano derecha esté en la izquierda Antes quise escribir un libro y estuve

cinco años mirando el cielo Ahora me digo a
mí mismo que no me duerma y que los mire
como vuelan allá Que les diga algo Entonces
yo llamo a los cosmonautas y les cuento que
conozco algunas constelaciones de la noche
Ellos se emocionan y yo solo sé decirle ahora
que me estoy despidiendo En eso poco a poco
empiezo a subir con ellos Los cosmonautas
dejan de escribir y yo me despido de todos mis
amigos y amigas lanzándoles besos y haciendo
guiños con los ojos Luego vuelvo a casa Saco
la escopeta Apunto al cielo y me doy tiros para
matarme Cuando vuelvo y me acuesto apago la
luz de la pieza y tengo que tapar los agujeros o
sino todo se va a manchar de sangre Ya es tarde
Tirito de frío Quiero dormirme Entonces yo
mismo cierro la ventana y me enfurezco tanto
que empiezo a decirme como yo más odio Y
por eso yo también me odio

1

Homónimo con qué libro fue que naciste me preguntaron
y recuerdo haberme quedado absorto porque hasta ese
momento no me cabía duda de que antes de nacer ya estaba
vivo

2

Ahora siento que me acabo me termino me trasvasijo como
que salgo de mí y a veces hablo tan cerca mío que cuando en
mitad de la noche despierto y me pregunto cuántos de mis
enemigos siguen con vida me veo sentado sobre mí mismo
sintiendo el perímetro de mis nudillos dilatándose en la
divagación de mis propias muecas de espanto

3

Yo no quise inventar nada ni siquiera mi fracaso pero escuché
decenas de mejillas lampiñas a contraluz preguntándome
quién conduce los presentimientos tan rápido a través de
la ciudad pero no supe responderles porque no soy yo ni
la luz ni la ciudad yo solo sé que los cuerpos se arrebatan
y se dispersan aun cuando es él mismo quien proyecta seis
sombras en las suavidades venenosas del otro cuerpo

4

Sigo escondido detrás de los árboles esperando que los nidos
de las urracas sigan llenándose de milagros que tengan que
ver con la real desaparición de la obra

5

Cuando todos hayan contemplado las pestes que de mí cuelgan querrán encerrarme en un frasco para que termine de golpear los ecos que en mí quedan y las quemaduras de mis miembros que todavía encandilan pero una cosa es la que ignoran y esa es justamente su obscenidad porque escribir no es escritura como vida tampoco es vivir

6

Yo señalé que mi altura es horizontal e incluso llegué a creer que las cosas podían ser reales pero los otros se adormecieron debajo de ese alambrado de relámpagos que amenazaba con caérseles encima y destriparlos por completo

7

Lo llamé un primer proyecto de escritura y quise liberarlos de la vulgar muerte porque yo sepulté sus cuerpos reales en esta tierra hueca en donde se puede dormir a toda velocidad y sabiendo que aparecer es una omisión como sobre unas ficciones de sonoridades dramatúrgicas

8

Una vez juré que el desvarío será mi nuevo elenco y después dije que los dedos son antenas y todos quisieron enterrar las agujas del reloj en sus propios brazos para que esa ficción se esparciera por el resto de los cuerpos pero también dije que es mejor seguir viviendo hasta encontrar un territorio en el que puedan caber los pies y no la muerte

9

Hablo estas cosas porque yo no puedo preguntar nada y no sé responder nada porque entre un sí y una desgracia hay menos distancia que entre las palabras y la verdad

10

Supe adulterar lo continuo de la realidad para exponerles la sinrazón que existe afuera y adentro porque cuando veo esas lineales grietas que se abren en los vértices de las paredes me doy cuenta que lo que hice fue una invitación a querer despertar cuando todos solo querían dormirse debajo del momificado escenario que se esmeró para convertir el movimiento en minerales

11

Aquí las dudas le dan un toque al ingenio glacial y permiten comprender que lo más parecido a una víctima son las evidencias que la inculpan

12

Yo sé que cada uno de nosotros usa el asesinato con tolerancia en el momento de inscribir su nombre en el mármol de las imposibles migraciones y las literarias transgresiones cuerpo a cuerpo

13

Ejecuté mi boca enterándome a balazos la lengua para que nadie pueda seguir la ruta de la oscuridad que tienen esos pájaros que proclaman insondables plegarias hacia los cuatro confines de la tierra inaugurando un nuevo plumaje que a algunos les resultó repugnante por su ligereza y su fulgor y que a mí mismo me resultó repugnante por su ligereza y su fulgor

14

Cuando salí de mi casa con mi ingle ennegrecida y la mandíbula destrozada todos los cuervos se encogieron de hombros y comenzaron a entonar los himnos de naufragios para redimir su propia incertidumbre

15

Entonces quise regresar donde había estado pero los restos de mis papilas se habían incrustado en las veredas y unas hienas intentaban arrancarlos para comer pero no pudieron y de todos modos no cesaban de reírse

16

Me acordé de mi fatal desencanto y con pequeños pujos mi cuerpo empezó lentamente a desbordarse esto es lo que le pasa a aquellos acostumbrados en adiestrar el lenguaje y que no huyen de los placeres que parecen felicidad

17

Los cuervos lograron sostener con tantos alaridos ese inquietante festín sobre las cabezas de los que en sus propias casas pedían perdón a sus padres sin haber hecho nunca nada de este modo en mí jamás alguna palabra será nuevamente de mi boca

18

Con mordiscos y sorbos caí sobre los cuerpos para que se callaran de una última vez pero ellos desfilaron haciendo acrobacias sobre la línea del horizonte para que el sol sellara su mudanza

19

Me arrancaron del pelo llevándome a patadas de mi calle desde donde gritaba sin voz como un relámpago tanto que las palmeras se agrietaron como antorchas y de ellas un torrente de ruido sofocó a todos los que no tenían que ver con el fuego hasta que el humo comenzó a descomponerse en la superficie de cielo que estaba cubriendo

20

Los cuervos volvieron a sentir ese miedo de que las cosas se movieran por sí solas

21

Estoy lleno de estallidos de intimidad que permiten que todos reblandezcan sus registros y puedan sucumbir a sus recónditas fábulas por eso yo me fui a coleccionar lujurias y arrojé mi léxico nacional a la intemperie y qué naval me siento hoy qué naval me siento

22

Yo que empiezo a bajar por las calles de las ciudades y mis ojos se encienden como una multitud de estrellas porque conozco la hondura de estas islas donde una vez vomité la eternidad y todos los perros presentes no quisieron saber nada más de sí mismos ni de mí

23

Entro y salgo de los libros como quien entra y sale de la muerte escribo la palabra viaje en esta página y es casi como negarlo por eso que nadie aprenda ni escriba mi nombre porque nunca se sabe de qué lado vamos a estar en la lengua ni de qué lado vamos a estar en la página

No. A los poemas se entra como si fueran una casa. Una casa con la luz apagada. Una casa desconocida pero no tan distinta a la que queremos olvidar para siempre. No hay luz o si la hay se la llevó el futuro. El mal tiempo que es siempre el sol. La geometría es pegajosa si nadie habla. Se impregna en los objetos como las canciones. Un hilo cae de la garganta como una tipografía. Se arrastra hasta los interruptores del mundo. Las personas gramaticales están ahí. Siempre lo estuvieron. Juegan a las escondidas con las mayúsculas, saltan los subrayados de allá para acá como si fuera la línea del horizonte. Hacen hora pero lo que quieren es fundar una destrucción. Eso es una casa.

La muerte es la obra. No hay más. Todas las artes son las distintas habitaciones de la casa. El mundo es un museo de cera que se derrite. Un museo de fósiles que se actualizan con los antivirus. Un museo de palabras que se llama instalación de la lengua. Toda colección es un sabor. Las curatorías son cocinerías. Se expone lo que sobra de una obra. Su fetiche carnívoro. Su aura con especias. Lo que no cabe en la boca es lo que se desea. Piedras que han sido talladas con rostros de dioses muertos. Árboles cortados para hacer un fuego barroco o isabelino. El enser del ser. Los objetos desaparecen rápido por eso en la escritura siempre es tarde. No hay tiempo para las obras de arte ni arte que detenga al tiempo.

Una obra vital modifica los ángulos de la mirada sobre ella. Hace correr a quien tiene una expectativa de lo que leerá. Suspende un futuro probable. Una posibilidad de universo paralelo. Leer ha sido el intento de domesticar el Cosmos: las cuatro letras fundamentales. El vano intento de buscar una verdad uniendo puntitos, líneas, círculos. Continuas y contiguas manchas exige el ojo. Planetas, órbitas y galaxias que parezcan planetas, órbitas y galaxias. La página en blanco es pura materia oscura de cabeza. Malos pensamientos dibujados con átomos y fusión.

La ficción como ese universo donde no existe ni el bien ni la belleza ni la verdad ni la belleza. Un locus donde el tiempo y el espacio son sensaciones a flor de piel y donde cada piel es una flor. La poesía es un mito cuántico. El único relato de la humanidad que es la humanidad. El único que sobrevivió. Hay reglas en sentido contrario al reloj pero no hay reloj. No hay literatura. No hay vacío. No hay silencio. Una partícula puede estar en dos fiestas a la vez. A eso le decimos metáfora en cualquier karaoke de la galaxia.

Un libro no es el símil del Universo. Ni siquiera de un planeta. A lo sumo una mano se arquea para crear cierta oscuridad sobre las líneas del destino. Todo lo que uno escribe queda fuera de todo. No hay índice que señale la entrada pero tampoco fin. El allá en el más allá es dato duro y vibrante. Particularmente nadie ve. Es otro modo de leer el salto entre las moléculas de la celulosa. Interacciones que dan sustento al vértigo. Una letra serpentea en el aire y en realidad es una onda con cierta frecuencia. Un olor para el que no ve. La textura de un pasto hipotético que se seca. Dos extremidades que no se conocen. Signos de lo que llega en el aire.

Parajes, párrafos, partir. Algo se mueve. Algo se inicia. Alguien se va, sí. Leer es mover las patitas de la mente, los axones del entusiasmo, las dendritas de la vida eterna. Todo lo que une al lector desde su sistema digestivo hasta su pinacoteca imaginaria es urgente. Cuerpo, discurso, territorio. No sé qué resume esta interacción. La historia, la humanidad, la civilización como canción de cuna. No lo sé, me digo en un mapa que se fragmenta. Accidentes biográficos. Restos esparcidos como esporas. Semillas reventadas a golpes a años luz de distancia.

Una extraña flor. Se huelen los átomos de granito con los que será dibujada. Hunde sus raíces en la línea imaginaria que separa a la perspectiva de la música. Busca en el fondo del mar el fuego que necesita. Las palabras lo arruinan todo. Esa es su propia belleza. La alegría de esperar a que eso ocurra. El resto es arriba y abajo. Inventa algo quien se reinventa a sí mismo. No es el producto sino el proceso. Puntos que se conectan. Más distantes más poderosos son. Lo nuevo es renunciar a la luz. Un paracaidista decide devolverse. No hay avión. La flor es el poema.

Las letras poco a poco empiezan a reaccionar. En la combustión hay una imagen repetida. Se enciende el motor y nuevamente a los intentos del mundo oxidándose. Un mapa en blanco que resume todos los paisajes. La gravedad ha hecho estragos en la coloratura del espíritu. Al lado izquierdo de la página todo se cae. Un magnetismo que acaba con el aire. Un poema se ve, es algo, existe. Aunque su fatiga de materiales haya durado doce mil años en tercera dimensión.

La geografía no es un orden sino un caos que hemos interrumpido por un momento. Todo se aleja y se acerca a la vez. Nada nunca se ha detenido. Las montañas respiran. El océano se evapora y vuelve a condensarse. Los elementos del poema siempre han sido los mismos. Los desiertos florecen y los bosques dejan de ser imaginarios. No medimos el tiempo, lo creamos. Ni siquiera. Lo destruimos. En una escala microscópica un segundo es un siglo y un siglo la eternidad. Moléculas que mueren como galaxias. Los continentes rebotan entre sí. Las especies no existen. Lo infinito que vuelve a nacer hacia atrás. Instantes de un Big Bang que somos nosotros con pelo.

Hay salvajes. Hay tribus de salvajes en la civilización. Cavilan en la gravidez. Representan un papel que no escribieron. Huelen a leche de pájaros. Se pierden en la línea del horizonte con sus teléfonos y tienen prisa. No pueden cerrar los ojos. Se fuman un himno. Y más prisa tienen. Ven los poemas sobre los árboles aunque no ven los árboles. Han venido para irse. Las máquinas les dan tiempo libre. Un ratito de expansión inflacionaria. Es el desfalco, dicen. La poesía es cosa de otro mundo pero en este.

Quizá no hay urnas, no hay fosas. No hay vagabundos durmiendo en los mausoleos. No hay cárceles ni palomas que coman palomas. Todo ha desaparecido. Si las vacas volaran veríamos recién sus manchas. Es la ley de las palabras. La muerte que cargan consigo y que necesitan para sobrevivir. Eso dicen los bosques. Por eso volvemos a ellos. No es la infancia ni el yo, ni la poesía, ni siquiera la Atlántida. Hay cosas que jamás se podrán decir y esa es su eternidad.

La infancia no es la primavera de la vida sino el otoño de la pureza. El jardín se vuelve patio pues ha llegado el niño a colonizarlo. A reiterar el gesto fundacional de ponerle nombre a las cosas y señorear sobre ellas desde la muerte. ¿Qué es nombrar? Darle un acertijo a las cosas. Decirle piedra a la piedra y reventar con sus letras a las hormigas sobre la baldosa de mi patio como un pequeño dios que fui. Para el niño todo árbol es bosque y el bosque una gramática para nombrar el deseo y su miedo de ser arrojado de él.

En cierto momento de lucidez extrema las letras son imágenes. Círculos, líneas, que se extienden o pliegan, que comienzan y luego se acaban al alejar el lápiz de la realidad. Todo niño es un libro en la selva. Un salvaje que mira las cosas con la extrañeza de la creación y la destrucción. Conocer significa armar y desarmar o viceversa y el lenguaje es la primera casa de muñecas que tenemos. En todo su artificio, su miniatura, su posibilidad de combustión.

Nada se crea sin que algo se destruya. De alguna manera ese proceso es la dichosa transformación. Ciertamente la poesía no es mucho más que eso. El niño es el primero en saber que él mismo se transformará aunque su presente sea eterno. Su deseo y necesidad son justamente su infancia: las llamas donde arderá su pasado y su futuro. Algo similar ocurre en el poeta con su propio yo. La infancia es la adultez de la poesía. Este planeta el lugar donde deben volver los cantos.

Mirar el pasado es mirarse a la muerte. Aunque no exista un pasado sino uno mismo mirándose en unas murallas con ojeras. Es la propiedad privada de la vida privada. Mientras más lejos más rápido llega la muerte. Su lúcido recuerdo de desaparecer, su trampón. Las piedras y los padres de las piedras. Hacia el futuro se mira en plural pues tarde o temprano todo renacerá en palabras. Los límites de la historia son los límites de la gramática: el tiempo de los tiempos verbales. El yo y el nosotros. En su imposibilidad de existir. En el duelo que significan bajo el sol. No hay humanos sino uno que los nombra a todos. No hay estaciones sino cambios de color. El color de la historia.

Llueve en la sociedad moderna y recién ahí recuerda que es sociedad y que no es moderna. El público de la lluvia se deja torturar por la historia de la lluvia, por la imposibilidad de un diluvio sintagmático. El desastre de que se mojen las palabras cuando queríamos calentarnos con ellas. Susurran bajo los polímeros, brillan las calles y todo lo que exuda vapor morirá. El invierno le recuerda al mundo que una vez se congelaron los colores y que hablar era un modo de sobrevivir. Habitar y habitarse por el hálito de los perros de caza. Un recuerdo de estalactitas de palabras sobre el rostro mientras se espera la muerte. Eso es la memoria. Hablar para no morir otra vez.

Un ejército prusiano de nubes en cámara lenta por el aire. Corrientes de hielo semántico entrando por la boca y saliendo por los oídos. Una sensación de la historia que no puede no ser sino un movimiento de traslación. Dos hombres hablan, susurran. Somos nosotros en el futuro. Se heredan una noche para que dentro de otra más oscura esa sea un amanecer. Uno ama a otro por el solo hecho de no conocerlo. Recordarlo es dejarse arrasar por un delirio de invención. La vida, los millones de estímulos en un segundo de tiempo. Inasibles e incansables como el deseo. ¿Qué color tenía su chaqueta café al irse esa noche? ¿Cuántas veces lo miré en mí? No, nunca se recuerda. Se inventa y luego se elige. El pasado es una sensación térmica. Un escalofrío, una corriente de aire, una quinta estación del año. Probablemente lo mismo sea el amor.

La soledad es la música que cantan los otros. Los poemas, las canciones en un mundo sin gravedad. Nadie oye nada que no salga de su estómago. Allí el trauma tiene derecho a escribir con siglos de distancia. La sangre sirve para bendecir lo que no existe y sagrado es todo lo que nunca volverá a ser como es. La poesía es para salir a vagabundear con los animales del poema. Los lobos huelen los órganos de los pájaros al pasar. Es semántica pura la que gotea. No te distraigas con los videoclips que están agonizando. Los caballos siempre regresan donde todo ha terminado. Dicen que son los niños del porvenir y que su presencia es una señal magnética. Algo se oye detrás de ese chicharreo. ¿Lo oyes?

Todos los fenómenos son celestes. Los desiertos hablan por los huesos que ahí van a nacer. Calaveras que llevamos para mirar hacia arriba, estirar el cuello, meter las narices entre las constelaciones. Así de impertinente es la revuelta. La aparición de los primeros gestos de la intimidad. Una vez la ciudad se llenó de plagas. Vestían bonito y hablaban raro. Cada una de ellas era una ley pero todas tenían ganas de morirse. Huesos son y más huesos para levantarse cada día. En medio de cada noche. Huesos para ser parte de una constitución: el esqueleto de los esqueletos.

El poeta que fui habla para sí mismo. Le habla a los minutos que le regaló a las estrellas para que aún sigan ahí. No es su otoño sino la primavera de su nacimiento, su primera verdad apagándose. Lo íntimo de su voz son las arrugas de las vocales que se le escapan, de los cinco aires con que horadamos las piedras, las palabras, los cálculos en la garganta el cuerpo en un par de semanas. Todo cadáver es gramática. Su inmolación para decir que alguna vez se irá al mar. Alejarse, volver a sí. No se amorata el cuerpo agarrotado. Se hace uno con el cielo, con el atardecer, con la primera luz del mañana. Todas las estrellas son radiación. Todo lo que brilla se está despidiendo.

Era un mundo maquinal y cavernario. Atiborrado de dispositivos con uñas, cerebros extraíbles y sistemas digestivos de la información. La telepatía se hace a pie pelado y la corteza es el tamaño de nuestro Universo. Era un mundo especializado en fabricar desechos. Sintetizar proteínas de otros. Información basura y el problema de la acumulación. Todo eructa en la memoria. Creemos recordar personas y hechos pero recordamos las palabras que inventamos en ese momento. Palabras que hemos elegido para nombrar lo que nunca existió. A todo lo que podemos acceder de lo que ya no está, lo que ya no es, está en el lenguaje. Es el recuerdo de las vidas, de muchas, de todas las muertes juntas antes de la destrucción. La escritura se pierde en la noche de la humanidad. No. La humanidad se pierde en la noche de la escritura. En la oscuridad de su intención, en lo siniestro de lo inscrito. Escribe quien ya no vivirá otro siglo y se delinea en versos lo que está a punto de desaparecer en prosa. Como si fuera un mapa de lo imaginario que fue esa realidad en otra realidad. Una literatura que sabe que desaparecerá junto con la época que la vio aparecer. El fin de la poesía en un mundo paralelo. Una muerte infinita. La nostalgia de una resurrección.

FLOTA UNA VELA ENCENDIDA
DENTRO DE UNA ÁNFORA FÚNEBRE
NO VEO CENIZAS
SINO CIENTOS DE HOMBRES Y LIBROS
UNO DE ESOS ES HOMÓNIMO
CON LA ÚLTIMA LUZ DEL LUTO EN SUS MANOS
SEÑUELOS AL NOMBRE PASADO
DE QUIEN ESCRIBIÓ EL LIBRO NO LEÍDO

Todo ha sido un sueño
No me cabe ninguna duda
creyendo que pueden escribirse en algún momento

Tal vez sí
las dudas son sueños que no recordamos
y que nos persiguen poniéndose entre medio

de nosotros y cualquier cosa
Escribo entonces con la duda y la certeza
de que no es ni esto ni aquello

Es un sueño que se continúa escribiendo
desde la primera noche de la humanidad
cuando un hombre o una mujer o un niño o una anciana

alzó su cabeza al cielo estrellado y se quedó absorto
Todo refulgía y estaba en movimiento
Los cuerpos celestes danzaban porque aún creían en ellos

se reían cantaban los puedo ver
esas primeras gentes también los pudieron ver
desde una gruta o una caverna fría y húmeda

Es el mismo éxtasis que desbordaba a ese ser humano
la misma intuición de que esas pequeñas luces
son más grandes que la misma noche que las contiene

Esa es la esperanza la angustia y la alucinación
del libro que aún no se ha escrito
es la necesidad de ese anónimo

que tomó unas tablillas de barro y escribió en ellas
Desde ese único momento hasta el día de hoy
la noche está entre sus manos y las de nosotros

y todas las estrellas se han convertido
en las pocas letras
que aún quedan vivas en nuestras lenguas

Las bocas son esas cavernas frías
las bocas son esas noches rutilantes
Manos Lenguas Ojos que iluminan a través de sí

Solo vemos su luz
porque las estrellas están muertas
y su último canto es el que se oye en cada noche

como esta misma en la que estoy escribiendo
Es la agonía de la Desaparición del Espacio
es la angustia de la Aparición del Día

≈

El libro que aún no se ha escrito está hecho de ruinas
que exhiben su triunfo sobre la eternidad y el territorio
porque su aura no se asemeja a nada

que ningún monumento pueda esconder
más que en su propia derrota
Desde las ruinas de cientos de civilizaciones

hasta la enfermedad de unos huesos
de unas manos de una lengua de unos ojos
La ficción es un secreto y una revuelta

que no deja de mirar desde adelante
esta catástrofe que lo ha consumido todo
y ha llenado de hitos al tiempo

con todo lo que tiene un origen y un destino
por eso tales ídolos están hechos de carroña viva
y ninguno de ellos sobrevivirá a sí mismo

porque todo libro es una ruina llena de luz
condenada a existir más que quien lo haya escrito
El origen del universo es una explosión de ruinas

que circularon llenando los movimientos
y cuerpos que de tan celestes se ven como algunas galaxias
e inconmensurables como las estrellas

El cuerpo que escribe es una ruina sobre la ruina
que es la propia literatura
pero aun así este desastre ha significado

una nueva forma de escribir el fracaso
de todo lo que se ha erguido como monumento
tanto el poeta y su arte como el poema y su silencio

tanto el libro como mercancía y la lectura como hermenéutica
El sentido es una construcción de un monstruo
que no deja de estar hambriento incluso de sí

Su agonía es la Desaparición del Espacio
siendo que el texto es una sombra de algo
que ha sucedido hace miles de años

cuando un hombre o una mujer o un niño o una anciana
dio un grito al ver su cuerpo enfermo de lenguaje
y lleno de señales de muerte

pero así y todo miraron el cielo estrellado como el primero
de uno de tantos sueños que serían escritos desde ahí
Siento que el triunfo de la ruina es que nunca morirá

≈

De una semilla a un árbol luego el papel
de una página en blanco a un borrador
y de éste a un libro que al escribirse ha quedado en coma

Éste es el estado vegetal de la literatura
y su porvenir es adverso
porque después de la catástrofe

que no sabemos si ya fue está siendo o sucederá
ni la tierra ni el agua ni el aire serán lo que alguna vez fueron
ningún libro será necesario

y todo lo que podremos ver es esa primera noche
repleta de estrellas y ganas de sobrevivir
La idea más visionaria del futuro de la escritura

es aquella en la que quien escribe hunda sus dedos
en el barro de un río imaginario aparecido en sueños
lleno de monitores y circuitos hechos añicos

y en él entierre sus uñas para volver a inventar
un idioma que no sea lengua sino manos
moviéndose bajo el paso de unas esqueléticas aves

que traen en sus alas el secreto
para que nuevamente una página pueda escribirse
pero ya será demasiado tarde

Las pestilencias señorearán toda acumulación
y los libros se utilizarán en mueblería y arquitectura
porque los árboles se habrán ido para siempre

al Bosque de la Fascinación que existe solo
en la fatalidad que engendra la ficción de haberlo escrito
y ése es su propio desaparecer

Ahora que las respetables y los distinguidos tienen todo
lo que sus acumulaciones le han entregado
creen que de este lado lo que se escribe no existe

y que la mente no es águila que nace del fondo del pecho
Les diré que soñar es morirse un poquito
y que ese sueño es una suspensión de la supervivencia

Es de noche y todavía existen árboles
las estrellas siguen siendo el libro sagrado de dios
también permanecen los siete colores

y las bibliotecas no han sido arrasadas por el Fuego Paralelo
La Divina Revelación aún no se ha escrito
y eso es la vida de su autor

LA VIDA NO vale nada
tampoco la muerte
no sé si existan o sean solo colores
de todos modos no interesa
el más allá o el más acá
depende de donde estés
y al final de todo
la distancia es siempre luz

Los vivos y los muertos
sufren por igual
lloran de noche y se tropiezan
vagan por solitarios caminos
y nunca están satisfechos

Aparecen y desaparecen
como ofrendas a un dios hambriento
de realidad y realidad
y extrañan los resplandores
del órgano corazón

Vaca dios lo sabe y está junto a mí
Águila dios lo sabe y está junto a mí
ciertamente devengo en ellos
y mis palabras son sagradas
como las constelaciones
por donde entra y sale a su voluntad
la resurrección
pues la balanza a su favor se ha declarado

A este lado del papel o en ese donde lees
el Sol Negro se eleva y se esconde
en las aguas celestes del cerebro
que son los Mares de la Luna
donde penetro como si fueran misterio

Heme aquí Mar de la Serenidad
vuelto loco desde el día de mi nacimiento

Heme aquí Mar del Néctar
bebiendo el veneno nocturno de los hombres

Heme aquí Mar de los Vapores
ahogándome desde los pies hasta el infinito

Heme aquí Mar de las Nubes
esperando el cielo rojo y el arcoíris negro
Heme aquí Mar de las Olas
arrastrándome sobre el fin del mundo

Heme aquí Mar de las Lluvias
desnudo y enfermo de geografía

Heme aquí Mar de la Crisis
a punto de morirme de pena y soledad

Mis enemigos ya no pueden huir de mí
pues me he convertido en cada uno de ellos
cada uno de sus miembros
es a la vez cada uno de los míos
también las siete serpientes
que vuelan por los Siete Cielos Gramaticales
impulsando las semillas de dos letras

para que los siete colores borden las órbitas
y se prosternen ante las palabras
que abren y cierran la gloria trágica

Vengo de hace doce años
y conozco el resto del siglo
lo de humano que habitaba en mí
ya no existe
y mis recuerdos han sido extirpados
con sus raíces y algas marinas

Mi faz escondo tras un velo
de cientos y cientos de páginas
que son mil culos blancos que dan órdenes
y cuya comida favorita
es la vida misma
esa que te rodea en este momento
y te separa sonriente de la multitud

Estoy aquí
en esta noche de tribunal y fiesta
abatida y destrozada
es la verdad
cercenada de sus antepasados
que reinaron sobre las ciudades como lobos
y arrasaron sus mandíbulas y murallas
para que sus leyes no les fueran arrebatadas
por la eternidad

Mírame
el mundo se convierte en un museo de cera derretida
y yo me enfrío

y tirito de terror sobre mis rodillas
mi madre buitre me devora de día
mi padre serpiente de noche
he cometido una abominación
y mi nombre empieza a corromperse
le es repugnante a la Chaqana
y a los Siete Cielos Gramaticales
pues escucha
yo soy todo para la poesía chilena
y la poesía chilena es todo para mí

La muerte despeja su camino
nada más
otro poder que ese no tiene
se abre paso entre su laringe
que es el abismo donde entra y sale
la mano que escribe partida en cuatro
según la jerarquía del infinito

No me oculto en la sombra de estas estrellas
a miles de años luz
pues hace miles de años que su luz está muerta
pudriéndose
abandonadas como vértebras
en una consagrada ofrenda
a las pestes del mundo moderno
En este momento
los orificios de mi nariz
son las puertas dilatadas

de un templo en ruinas
que rinde culto a la Aparición del Día
yo soy el Hoy
yo soy el Ayer
yo soy el Mañana
interrumpe mi mano
primogénita y calva de tiempo
entonces todo se detiene

El Río de los Huesos deja de crujir

La Manicomia deja de incendiarse

El Desierto de la Ceniza deja de crecer

El Teatro Tiempo deja de desplomarse

Los días de mi vida se suman a los meses
y las noches a la casa de los años
todo lo que debe realizarse
debiera ser de pie
encima de la constelación del Árbol del Mundo
con las manos juntas
penetrando en el ombligo
que es el túnel al más allá

Soy un espíritu y un código a la vez
los animales dioses viven en mí
ante mi nariz el mundo se extiende
entre dos letras sagradas
que es como brillan la estrella de la mañana
y la estrella de la tarde

Abro esta puerta
y veo al pequeño cien erres y a la primera persona
a Ajún la Bestia y los posestructuralistas
al Castillo de los Centinelas y a la Divina
nada desaparece
salvo el tamaño de dios
y su cadáver en la tierra
que yo respetaba
como si fuera mi propio cadáver

Me incorporo antes ustedes
de mi pecho sale un grito agudo
como el de un ganso salvaje
que se deshace como una nube
en esta lengua muerta

Adivina mi nombre dice Sordomudoniño
Sordomudoniño este es tu nombre

Adivina mi nombre dice María Paulina Rubio
María Paulina Rubio este es tu nombre

Adivina mi nombre dice el infante del cielo
Infante del cielo este es tu nombre

Adivina nuestros nombres dicen
cada uno de los 27 cosmonautas hermosos
que son las letras de la Constelación del Alfabeto

pchmcachmpamchcpaammmhhhccaammphcahcppmmp-
chhacmmpammppmhcachmmhcachmpamchcpaamm-
mhhhccpamchcpaammmhhhccaammphcahcppmmp-
chhacmmpammppmhcachmmhcachmpamchcpaamm-
mhhhccpmhcachmpamchcpaammmhhhccamchcpaam-
mmhhhccaammphcahcppmmpchhacmmpammppmhca-
chmpamchcpaammmhhhccaammphcahcppmmpchhac-
mmpammppmhcachmpamchcpaammmhhhccaamm-
pmhcachmpamchcpaammmhhhcchcahcppmmpchhac-
mmpammppmhcachmmhcachmpamchcpaammmhhhc-
cpamccpaammmhhhccaammphcahcppmmmhcachmpam-
chcpaammmhhhccmpammppmhcachmpamchhcpaam-
mhhhccaammphcahcppmmpchhacmmpammppmhca-
chmpamcpchahmhcpapahhm

¿Las conoces?
¿Las recuerdas?

Salieron del pene de tus ancestros
y ahora caen de mi boca
sobre tus ojos
pues escucha
yo soy todo para la poesía chilena
y la poesía chilena es todo para mí

La resurrección ha llegado al punto mayor
sobrepasa a las altas nubes y a los cuerpos celestes
que brillan con más vigor que nunca
luego todo es mancha
átomo a átomo

unidos por un rayo que va de una tumba a otra
buscando una confesión amarga

Yo no escribí para vengarme
corazón de los trece años

Yo no fui a la casita en llamas
corazón del miedo a la ley

Yo no cometí la sodomía
corazón sagrado y herido

Yo no hice llorar a las hermanas carnívoras
corazón del levantamiento de la prohibición

Yo no tomé para mí lo que no era
corazón de las camas vacías

Yo no apagué el Fuego Paralelo
corazón de la balanza de la luz

He aquí un bosque
una voz me pregunta qué encontré en mi camino
una luciérnaga partida en dos
¿qué le has dicho?
guardé silencio
¿qué te ha ofrecido?
una tablilla de barro
¿qué has hecho con ella?
la llevé al Desierto de la Ceniza
¿qué encontraste allí?
una pirámide y dentro un libro que era una flor
¿cuál es el nombre de esta historia?

Las cerraduras y las bisagras
de las cuatro esquinas del tiempo
se apretaron hasta hacerse añicos
el nombre secreto de todo brilla
es grande y silencioso como el universo
la vida son solo colores y formas
la muerte es gris y musical
el día y la noche son la primera mentira
el bien y el mal son la última

Tres estrellas se elevan en el horizonte
y son las tres una sola puerta
tiene doce medidas de largo
y doce medidas de ancho
no tiene fondo como el mar
ni está invadida por los Gusanos de la Iluminación
como yo
es un talismán tendido
entre el día de la creación y el día del exterminio

Soy nuevamente
un niño pequeño
no hablo ni escucho
mi piel por dentro es de noche
y me alimento del verde soma

me están llamando ¿oyes?
me están llamando ¿oyes?

me están llamando
me están llamando
me están llamando

mis células aplauden y glorifican
mis entrañas son tus entrañas
mis humores son tus humores
mis lágrimas son tus lágrimas
mi semen es tu semen

Porque eres
el enamorado del firmamento
millones de siglos se confabularon
para que todo lo que pudiese matarte se extinguiera
vagarás en este país
y leerás cada uno de mis libros
entre tu Cordillera Blanca y tu Cordillera Negra
en la soledad de tu Laguna de la Mente
en cada nube o arcoíris que pase
son tus doce sueños
te enseñarán la historia de la luz
y eso es un misterio
no los pongas nunca
en manos del primero que llegue
pues escucha
yo soy todo para la poesía chilena
y la poesía chilena es todo para mí

Ahora que estoy muerto puedo escribirlo todo
ahora que ya me fui de donde ustedes viven
puedo abrir los ojos para arrancármelos

pues aquí de nada me sirven
Lo que tendré que ver será con la visión de la muerte
que me ha dado la potestad

de poder escribir lo que se me ha permitido conocer
El mundo de los sueños es el de los muertos
Lo que para ustedes es dormir

para nosotros es salir a caminar sobre el Océano Loco
Lo que para ustedes es la ficción
para nosotros es el día a día y la noche a noche

Allá no saben que todo lo que uno escribe en vida
después de muerto se convertirá en el propio destino
El cielo y el infierno son capítulos y estrofas

que uno mismo escribió para sí sin saberlo
Lo que la mano la lengua y el ojo hicieron sobre el papel
aquí se hace sobre los árboles llenos de luz y de peces

Lo que la mano la lengua y el ojo hicieron con la tinta
aquí se hace con sangre sobre los cuerpos que no la poseen
Toda escritura es profética

pero solamente para quien la escribe
Toda escritura es para la muerte
un guion de lo que ella tendrá que hacer con uno

Lo que se ve es un engaño de luces y formas
para poder soportar la realidad y ocultar
lo verdadera que es la imaginación a ultranza

que es el único lugar donde se puede huir
de la tristeza y creer que la ternura
alguien la entenderá de una vez por todas

Esto es la muerte
ahora que estoy aquí lo sé con certeza
Todo sueño y todo libro son un adelanto

de lo que será esta nueva vida
donde lo que jamás existió existirá por siempre
donde lo que estaba escrito en esos millones de libros

de las millones de bibliotecas del mundo
es la soledad más absoluta y secreta
Escribo de premonición

como si alguna vez podría volver a vivir
y de llegar a ser así dejaría la escritura de lado
para que La Divina Revelación pudiera tener sentido

Todas las muertes son una sola
El fin de cada historia es el fin de todas las historias
pues este mundo es la historia de la muerte

es la muerte de mi historia
que soñé bajo tantas noches estrelladas
esperando la Aparición del Día

Este es el libro nacional de ellas
que solo puedo escribir
porque he muerto

≈

Todo poeta es póstumo
desde que decide consagrar al delirio
su mano su lengua y sus ojos

Todo poeta es póstumo
cuando en los signos ortográficos
puede ver las leyes físicas del universo

Todo poeta es póstumo
al acumular noches sin dormir
como si de libros vociferantes se trataran

Todo poeta es póstumo
pues la historia presiente
su propia destrucción

Todo poeta es póstumo
desde que sabe que su vida
es la suma de todas sus videncias

Todo poeta es póstumo
cuando se pierde en esa emergencia telúrica
que significa leer y ser leído

Todo poeta es póstumo
al darse cuenta que la noche duraría tan solo minutos
sino fuera por las constelaciones

Todo poeta es póstumo
pues solo una verdadera obra
creará nuevas formas de leer la poesía

Todo poeta es póstumo
desde que decide huir de su sangre
bajo la invisible bandera de la realidad

Todo poeta es póstumo
cuando escribe
con el terror a ser suicidado

Todo poeta es póstumo
al pensar en cuántos arcoíris tuvieron que existir
para que esta noche esté llena de alfabetos

Todo poeta es póstumo
pues hermoso
es el que destruye

Todo poeta es póstumo
desde que su país lo odia
tanto como lo odia él

Todo poeta es póstumo
cuando las polillas las mariposas y las luciérnagas
que hay en su cabeza lo tienen sin cuidado

Todo poeta es póstumo
al decidir
ser el primer extraterrestre nacional

Todo poeta es póstumo
pues su historia quedará
desparramada en páginas y órganos

Todo poeta es póstumo
desde que escribe solo para que el castellano
se convierta en una lengua muerta

Al final todo era ficción
los blancos desiertos eran la ceniza
de millones de libros quemados
y su humo llegó una vez a las nubes
que pasaban silenciosas
con los restos de un dios animal
cuyas lágrimas fueron los mares que existían
en la vida lunar desde siempre
que también era ficción
como cada una de las constelaciones
del firmamento nacional
que contemplaba cada noche al cerrar mis ojos

La realidad dejaba de existir como nunca
y yo sabía que los árboles corrían
y encandilaban con su propia luz
y los peces volaban entre
las cálidas ráfagas del luto del aire
y las flores eran libros
en un jardín lleno de códigos

Ficción
porque es lo único que existe en esta noche

Ficción
cada sombra de las cosas que pude oler

Ficción
los lugares que oí de repente

Las ciudades destruidas
y los centinelas mentales
era ficción todo eso

Los bosques llenos de palabras fascinadas
lo decían en voz baja
porque las sorpresas acechaban
en cada una de las colinas en derredor

El sol de tan negro se convirtió
en uno de los nombres de la ficción
escrito con las 27 letras en el cielo
que eran los cosmonautas jóvenes y hermosos
que se reflejaban en el no ojo
por el cual veían este lado del papel
y sabían que la muerte estaba fragmentada
por lo que lloraban los posestructuralistas

Mariposas luciérnagas y polillas
revolotean y en cada una de ellas
se ve una esquina de una casa en llamas
Al igual que las siete serpientes
que le hablaron a esas hermanas carnívoras
para que las piedras se hicieran hombres
y engañaran al deseo
con los huesos rotos de esa caída
de unas rodillas que se convirtieron
en tierra y cielo

Todo era ficción
ficción y más ficción

Una pequeña ficción nacional

Índice

TEORÍA DE LA FICCIÓN / 11-75

TEORÍA DE LA FICCIÓN
de Héctor Hernández Montecinos
-5/10 de la Colección Capitanes 1-
se terminó de editar y maquetar
por Nautilus Ediciones
en Zaragoza, España,
en abril de 2024.